いっぱい作ったり、組み合わせたり

保育室飾りのかわいいパーツ

チャイルド本社

いっぱい作ったり、組み合わせたり

保育室飾りの かわいいパーツ もくじ

pot ブックス

できばえUP！
飾りかたのコツ……4

part 1
お花紙のお花……6
飾りかたアイデア 12

part 2
いろんなお花……16
飾りかたアイデア 19

part 3
季節のお花……20
飾りかたアイデア 25

part 4
葉っぱ……28
飾りかたアイデア 31

part 6
リボン……36
飾りかたアイデア 39

part 5
フルーツ……32
飾りかたアイデア 35

part 7
ちょうちょう …… 40
飾りかたアイデア 43

part 8
鳥 …… 44
飾りかたアイデア 47

part 9
水の生き物 …… 48
飾りかたアイデア 51

part 10
星 …… 52
飾りかたアイデア 55

part 12
ライン飾り＆虹 …… 60

part 11
雪の結晶 …… 56
飾りかたアイデア 59

型紙 …………… 65

本書の型紙は、園や学校、図書館等にて本書掲載の作品を作る方が、個人または園用に製作してお使いいただくことを目的としています。本書の型紙を含むページをコピーして頒布・販売すること、及びインターネット上で公開することは、著作権者及び出版社の権利の侵害となりますので、固くお断りします。また、本書を使用して製作したものを第三者に販売することはできません。

できばえ UP！

飾りかたのコツ

いつものパーツにひと工夫するだけで、保育室飾りがもっと魅力的に！簡単にできる飾りかたのコツをご紹介します。

色づかいで雰囲気をチェンジ！

パーツを淡い色使いにそろえれば、優しくやわらかな雰囲気にまとまります。ビビッドな色使いでカラフルなパーツにすれば、元気で明るい印象に。クラスカラーでそろえてもすてきです。

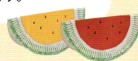

同じものをたくさん並べる

同じものをたくさん作って並べると、統一感がありながら、華やかな雰囲気になります。

素材を変えたり組み合わせたり

別の素材を使ったり、異素材のパーツを組み合わせたりすると、個性的な作品になります。透明折り紙など、新しい素材を取り入れても◎

ひもで つなげて

ガーランド

例えば こんなふうに…

リース

いっぱい 作って

ピンに 付けて

髪飾り

同じパーツを違う飾りに！

いつもは壁面飾りに使っていたパーツの飾り方を変えてみましょう。ひもでつるしてつるし飾りに、箱に入れて置き飾りに、窓枠に並べて窓飾りに…と、アイデア次第でいろいろな飾り方ができます。

ちょっとした スペースに

置き飾り

いろいろなサイズで作る

いつものサイズを変えるだけでも、印象がガラッと変わります。紙を切って2分の1のサイズにしたり、貼り合わせて倍の大きさの紙にしたりするなど、工夫して楽しんでください。

お助けパーツを入れる

飾りがどこか寂しい、もう少し華やかにしたい…そんなときは、葉っぱ・リボン・星などのパーツを一緒に飾りましょう。作品がワンランクアップ！

part 1 お花紙のお花

[切り方や色の組み合わせなど、ちょっとした工夫で いつもとちがったお花が作れちゃう！]

基本のお花

案・製作／くるみれな

材料 ● お花紙

作り方

お花紙を7〜8枚重ねて じゃばら折りにする

ホチキスで 留める

→ 中央に向かって 折り上げ 形を整える

飾りかた アイデアを CHECK!

先とんがり1つ切り

案・製作／くるみれな

材料 ● お花紙

作り方

じゃばら折りした お花紙の両端を 図のように切る

→ 中央に向かって 折り上げ 形を整える

先とんがり2つ切り

材料 ● お花紙

作り方

じゃばら折りした お花紙の両端を 図のように切る

→ 中央に向かって 折り上げ 形を整える

お花紙のお花

先丸切り

案・製作／くるみれな

材料 ● お花紙

作り方

じゃばら折りした
お花紙の両端を
図のように切る

先2つ山切り

材料 ● お花紙

作り方

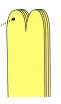

じゃばら折りした
お花紙の両端を
図のように切る

じゃばらの幅太先丸切り

材料 ● お花紙

作り方

飾りかた
アイデアを
CHECK!

じゃばら折りの
幅を太く折る

お花紙の両端を
図のように切る

先モサモサ切り

材料 ● お花紙

作り方

切り込み

お花紙の両端に
図のように
切り込みを入れる

7

2色のお花

材料 ● お花紙

異なる色のお花紙を重ねて作る

キレイだね！

3色のお花

材料 ● お花紙

異なる色のお花紙を重ねて作る

作るときのポイント

色の組み合わせを楽しんじゃおう！

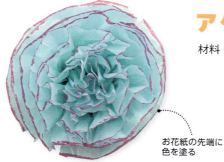

アクセントカラーのお花

材料 ● お花紙

お花紙の先端に色を塗る

作るときのポイント

広げる前に色を塗るのがポイント

柄をミックスする

材料 ● お花紙、柄入り折り紙

柄入り折り紙

作るときのポイント

柄入りグラシン紙や包装紙を使ってもおしゃれ！

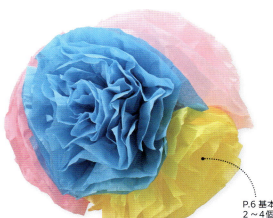

ペーパーポンポン

材料 ● お花紙

糸を付けて
天井からぶら下げても
かわいい！

P.6 基本のお花を
2〜4個くっつける

広げたお花

材料 ● お花紙

あまり上には
折り上げず、
そっと広げます

3枚くらい
重ねたお花紙を
じゃばらに折り、
両端を丸く切って
広げる

テープで留める

巨大なお花

材料 ● お花紙、棒

2枚貼り合わせた
お花紙や
グラシン紙を使って
大きく作ります

貼り合わせた
大きなお花紙で
作る

マスキング
テープを
巻いた棒

お花紙のお花

もじゃおしべ付き

案・製作／RanaTura. 上田有規子

材料 ● お花紙、ビニールタイ

作り方

2枚のお花紙を縦2分の1に切り、半分に折って切り込みを入れる

広げて上に重ねる
いろいろな色のお花紙を重ねる

じゃばらに折って角を切る
中央に向かって折り上げ形を整える
ビニールタイ

飾りかたアイデアをCHECK!

P.6 基本のお花
ぼんてん

飾りかたアイデアをCHECK!

ぼんてんめしべ付き

材料 ● お花紙、ぼんてん

大きなサイズのぼんてんがポイント

P.7 先丸切りのお花

紙テープ

くるりんめしべ付き

材料 ● お花紙、紙テープ

作るときのポイント

紙テープをペンに巻いてカールさせると動きが出ます

P.7 先丸切りのお花

飾りかたアイデアをCHECK!

画用紙花びら付きお花

案・製作／つかさみほ

材料 ● お花紙、画用紙、紙皿

型紙 P.65

作り方

 → →

切り込みを入れて少し重ねて貼った画用紙を紙皿に5枚貼る

切り込みを入れて少し重ねて貼った白画用紙を5枚貼る

お花紙で作ったお花を貼る

お花紙のお花

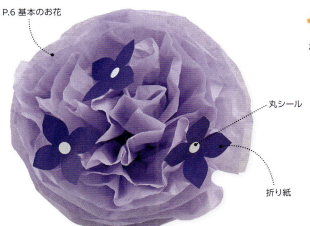

P.6 基本のお花

かんたんあじさい

材料 ● お花紙、折り紙、丸シール

丸シール

折り紙

作るときのポイント

お花紙の両端を丸くカットしてもかわいい！

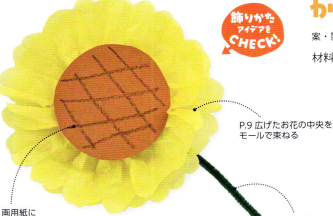

かんたんひまわり

案・製作／RanaTura．上田有規子

材料 ● お花紙、画用紙、モール

飾りかたアイデアをCHECK!

P.9 広げたお花の中央をモールで束ねる

画用紙にクレヨンで描く

モール

簡単にできるね！

飾りかた アイデア
すきなパーツでアレンジしちゃお！

P.11に掲載中
ホワイトフラワーの入り口飾り

案・製作／つかさみほ

プラス 材料 ● レースペーパー、チュール、ひも

型紙 P.65

- 画用紙
- レースペーパー
- 画用紙に穴を開けてひもを通す
- チュール

作り方
斜めに切ったチュールにひだを寄せる → 貼る

P.6に掲載中

レースとリボンの 花瓶

案・製作／くるみれな

プラス 材料 ● モール、画用紙、牛乳パック、レース、リボン、吸水スポンジ

- お花紙で作りモールを付けたお花
- レース
- 吸水スポンジを入れた牛乳パックに画用紙を貼る
- リボン

お花紙のお花

・リボン

P.10に掲載中

ぼんてんめしべの 椅子飾り

プラス 材料 ● リボン

飾りかた アイデア

フラワーガーランド
P.10に掲載中

案・製作／RanaTura. 上田有規子

プラス 材料 ● 工作用紙、ひも

作り方

- ひも
- 裏側
- 工作用紙
- セロハンテープ

春を呼ぶ お花のリース
P.10に掲載中

案・製作／RanaTura. 上田有規子

プラス 材料 ● リース台、柄入り折り紙、モール、フェイクグリーン、麻ひも、画用紙

型紙 P.65

- リース台
- 麻ひも
- 柄入り折り紙
- 裏側
- ビニールタイでお花をリース台に固定する
- フェイクグリーン
- モール

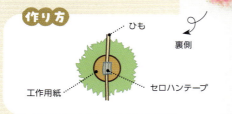

14

お花紙のお花

ひまわりの置き飾り
P.11に掲載中

案・製作／RanaTura. 上田有規子

プラス
材料 ● 紙やすり、段ボール板、鉢、マスキングテープ

型紙 P.65

- 紙やすりを貼り丸く切った段ボール板に穴を開けておく
- 画用紙
- 鉢
- マスキングテープ

ロッカーライン飾り
P.7に掲載中

案・製作／町田里美

プラス
材料 ● 柄入り折り紙、折り紙、ひも

型紙 P.66

- 4分の1の大きさで作ったお花紙のお花
- ピンキングばさみで切った折り紙

作り方
- ひも
- 引っかけて裏側で貼る
- 向こうに折る
- 柄入り折り紙 → 開く → 切り取る

15

part 2 いろんなお花

[季節を問わずにいつでも飾れて、作りやすいお花を集めました。]

切り紙お花にワンポイント

案・製作／町田里美

材料 ● 折り紙、紙テープ

飾りかた アイデアを CHECK!

紙テープを輪にして貼りつける

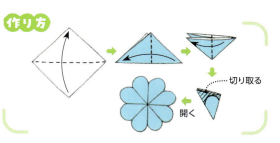

作り方 … 切り取る／開く

レースペーパーに咲く カラフルフラワー

案・製作／やのちひろ

材料 ● 画用紙、レースペーパー

型紙 P.66

レースペーパー / 画用紙 / 画用紙

リボンやビーズを付けて椅子飾りにしてもかわいい！

16

スズランテープのお花

案・製作／町田里美

材料 ● スズランテープ、お花紙、コピー用紙

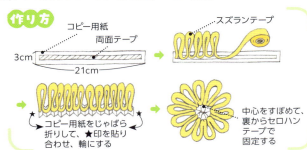

スズランテープのふんわりフラワー

案・製作／ピンクパールプランニング

材料 ● スズランテープ、段ボール板

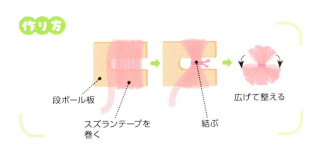

くるくるフェルトのあったかフラワー

案・製作／山口みつ子

材料 ● フェルト、ビニールタイ

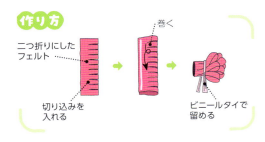

いろんなお花

毛糸のポンポンフラワー

案・製作／町田里美

材料 ● 毛糸、段ボール板、画用紙

型紙 P.66

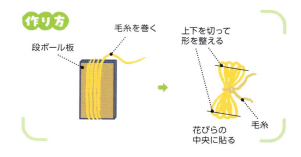

作り方

- 画用紙
- 鉛筆などでカールを付ける
- ピンキングばさみで切った画用紙
- 段ボール板
- 毛糸を巻く
- 上下を切って形を整える
- 花びらの中央に貼る
- 毛糸

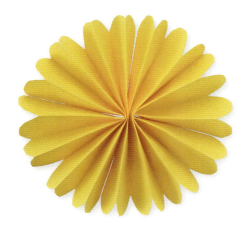

じゃばら折りの花

案・製作／やのちひろ

材料 ● 画用紙

作り方

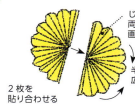

- じゃばら折りして両端を丸く切った画用紙
- 半円状になるよう広げて貼る
- 2枚を貼り合わせる

ボンテン花芯の フェルトフラワー

案・製作／佐藤ゆみこ

材料 ● フェルト、ボンテン、モール、チュール、レースペーパー、リボン

型紙 P.66

プレゼントやコサージュにぴったり！

もらったらうれしいね！

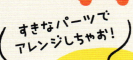

飾りかた アイデア
すきなパーツでアレンジしちゃお！

P.16に掲載中

切り紙お花に ワンポイントのつり飾り

案・製作／町田里美

プラス 材料 ● 画用紙

いろんなお花

紙テープ
画用紙

P.17に掲載中

フェルトフラワーの おたより帳入れ

案・製作／山口みつ子

プラス 材料 ● かご、もこもこした毛糸、チロリアンテープ

作り方

ビニールタイで留める
結び付ける
かご
チロリアンテープ
結び付ける
もこもこした毛糸を縁に巻いて留める

P.17に掲載中

スズランテープの お花で窓飾り

案・製作／町田里美

プラス 材料 ● なし

part 3 季節のお花

季節感たっぷりのお花が大集合。いろいろな素材で子どもたちと一緒に作っちゃおう！

ふんわり染め紙のさくら

案・製作／尾田芳子

材料 ● 障子紙

作り方

絵の具で染めた障子紙を乾かして3回折る

切り取る

2枚作ってずらして重ねて貼る

紙テープのさくら

飾りかたアイデアをCHECK!

案・製作／山下きみよ

材料 ● 紙テープ

作り方

じゃばら折りにした紙テープ

ホチキスで留める

M字に折り込む

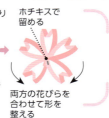
ホチキスで留める

両方の花びらを合わせて形を整える

重ね紙のさくら

案・製作／つかさみほ

材料 ● 画用紙、モール

作り方

正方形の画用紙を対角線で半分に折りさらに三つ折りする

切る

開く

切り込み

花びら1枚分を重ねて貼る

先端を丸めたモールを中心に通す

色・大きさ違いで2枚重ねる

20

染め紙チューリップ

案・製作／いとう・なつこ

材料 ● 画用紙、障子紙

型紙 P.67

季節のお花

ちぎり貼りチューリップ

案・製作／いとう・なつこ

材料 ● 画用紙、お花紙、柄入り折り紙、和紙

型紙 P.67

子どもと作っても Good！

くるくるクレープ紙のバラ

案・製作／つかさみほ

材料 ● クレープ紙、ストロー

21

画用紙
21cm × 21cm

柄入り折り紙・折り紙
15cm × 15cm

柄入り折り紙・折り紙
10cm × 10cm

飾りかたアイデアをCHECK!

切り紙のたんぽぽ

案・製作／RanaTura. 上田有規子

材料 ● 画用紙、柄入り折り紙、折り紙、段ボール板

作り方

大きさの違う3種類の紙で折る

向こう側に折る

2枚重ねた段ボール板
木工用接着剤をつけてさし込む
切り込み

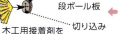
切り取る

二つに折る

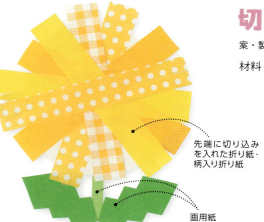

先端に切り込みを入れた折り紙・柄入り折り紙

画用紙

切り込みたんぽぽ

案・製作／さとうゆか

材料 ● 折り紙、柄入り折り紙、画用紙

型紙 P.67

作るときのポイント

いろいろな柄があるときれい！

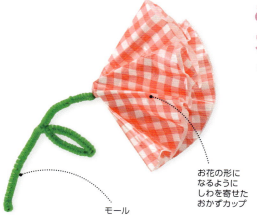

お花の形になるようにしわを寄せたおかずカップ

モール

おかずカップのカーネーション

材料 ● おかずカップ、モール

ファミリーデーのプレゼントに！

フロッタージュのあさがお

案・製作／町田里美

材料 ● 画用紙、片段ボールやかご（でこぼこした物）

型紙 P.67

片段ボールを下に敷いてクレヨンで描き丸く切った画用紙

画用紙

でこぼこした壁やかごでフロッタージュしても楽しい！

季節のお花

染め紙あさがお

案・製作／RanaTura. 上田有規子

材料 ● コーヒーフィルター

飾りかたアイデアを CHECK!

作り方

- 縦に2回折ったコーヒーフィルター
- 1cmほどつける
- 薄く溶いた絵の具
- 開いて乾かす
- じゃばらにつまんでセロハンテープで留める
- 開く
- 白いクレヨンで筋を描く

紙テープのひまわり

案・製作／とりう みゆき

材料 ● 画用紙、紙テープ、柄入り紙コップ

型紙 P.67

画用紙
クレヨンで描く
輪にした紙テープ
棒状に巻いた画用紙
柄入り紙コップ
画用紙

たくさん作って並べるとひまわり畑みたい！

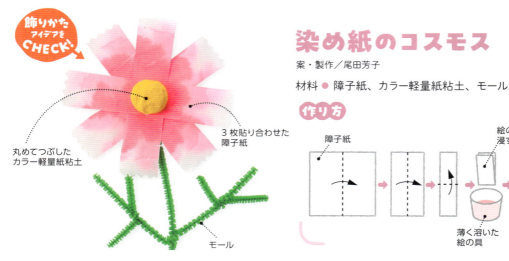

染め紙のコスモス

案・製作／尾田芳子

材料 ● 障子紙、カラー軽量紙粘土、モール

作り方

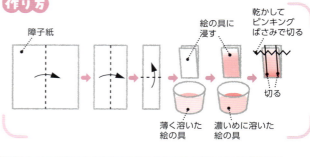

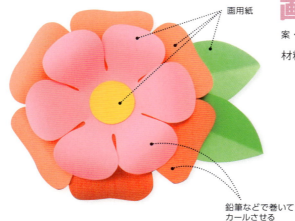

画用紙のふんわりつばき

案・製作／河合美穂

型紙 P.68

材料 ● 画用紙

作るときのポイント

安全ピンを付けてコサージュに！

カラフルポインセチア

案・製作／とりう みゆき

材料 ● 画用紙、柄入り折り紙、キラキラリボン

型紙 P.69

作り方

すきなパーツでアレンジしちゃお！

飾りかた アイデア

季節のお花

紙テープ

P.20に掲載中

紙テープのさくらの壁飾り

案・製作／山下きみよ

プラス 材料 ● 紙テープ

柄入り折り紙を貼った段ボール板

ひも

柄入り折り紙

モール

A3のフレーム

クレヨンで筋を描いた画用紙

P.23に掲載中

染め紙あさがおの壁掛け飾り

案・製作／ RanaTura. 上田有規子

プラス
材料 ● 画用紙、モール、A3のフレーム、ひも、段ボール板、柄入り折り紙

型紙 P.68

25

飾りかた アイデア

P.21に掲載中

きれいに咲いた 染め紙 チューリップ

案・製作／いとう・なつこ

プラス 材料 ● 画用紙、柄入り折り紙、モール

型紙 P.70

P.24に掲載中

染め紙の コスモス畑

案・製作／尾田芳子

プラス 材料 ● 画用紙

型紙 P.69

きれいで みとれちゃう

P.22に掲載中

切り紙たんぽぽの つり飾り

型紙 P.69

案・製作／RanaTura. 上田有規子

プラス 材料 ● 毛糸、ひも、画用紙

季節のお花

毛糸

ひも

ひもを挟んで巻いて貼る

クレヨンで筋を描いた画用紙

part4 葉っぱ

飾りが物足りないときは、葉っぱを入れてみましょう。
たちまち作品がイキイキとするはず！

基本の葉っぱ　真ん中折り目

材料 ● 画用紙、折り紙

型紙 P.71

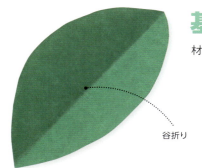

谷折り

本物みたい！

葉脈入り葉っぱ

材料 ● 画用紙、折り紙

型紙 P.71

作るときのポイント
折り目をつけると立体感UP！

谷折り

折り紙の木

案・製作／つかさみほ

材料 ● 折り紙、丸シール

飾りかたアイデアをCHECK!

作り方

2分の1に切った折り紙

 → →

裏返す

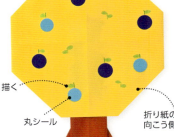

描く

丸シール

折り紙の4つの角を向こう側に折る

もみじ
材料 ● 画用紙、折り紙

型紙 P.71

いちょう
材料 ● 画用紙、折り紙

型紙 P.71

あさがお
材料 ● 画用紙、折り紙

型紙 P.71

ひまわり
材料 ● 画用紙、折り紙

型紙 P.71

モンステラ
材料 ● 画用紙、折り紙

型紙 P.71

しょうぶ
材料 ● 画用紙、折り紙

葉っぱ

おしゃれクローバー

案・製作／たちのけいこ

材料 ● 折り紙、包装紙

型紙 P.70

\作るときの/ ポイント

包装紙も使って カラフルに！

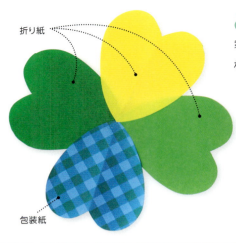

折り紙 / 包装紙

折り紙クローバー

案・製作／つかさみほ

材料 ● 折り紙

作り方

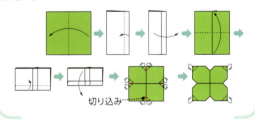

切り込み

スタンプクローバー

案・製作／いとう・なつこ

材料 ● フェルト、段ボール板、画用紙、折り紙

型紙 P.70

作り方

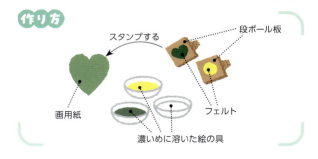

スタンプする / 段ボール板 / 画用紙 / フェルト / 濃いめに溶いた絵の具

\飾りかた アイデアを CHECK!/

斜めに巻いた折り紙

30

飾りかた アイデア

すきなパーツでアレンジしちゃお！

スタンプクローバーの置き飾り

P.30に掲載中

型紙 P.71

案・製作／いとう・なつこ

プラス
材料 ● ティッシュボックス、包装紙、モール

画用紙
モール
ティッシュボックスに包装紙を貼る
画用紙

葉っぱ

折り紙の木の壁飾り

P.28に掲載中

案・製作／つかさみほ

プラス 材料 ● 画用紙

型抜きパンチで抜いた画用紙

part5 フルーツ

[子どもたちが大好きなフルーツをたくさん集めました。
お店やさんごっこに使ってもGood！]

ちぎり貼りのいちご

案・製作／たちのけいこ

材料 ● 画用紙、折り紙、柄入り折り紙

型紙 P.71

- 画用紙
- 土台の画用紙に切り込みを入れ重ねて貼り合わせ立体的にする
- ちぎった折り紙や柄入り折り紙

作るときのポイント

ランダムな色と柄がポイント！

ハニカムペーパーいちご

案・製作／RanaTura.上田有規子

材料 ● ハニカムペーパー、折り紙、厚紙、ひも

型紙 P.72

飾りかたアイデアをCHECK!

作り方

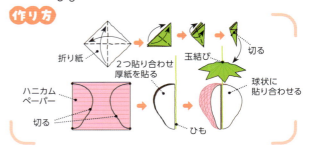

折り紙 → 2つ貼り合わせ厚紙を貼る → 玉結び → 切る

ハニカムペーパー → 切る → ひも → 球状に貼り合わせる

お花紙さくらんぼ

案・製作／山下きみよ

材料 ● お花紙、画用紙、モール

型紙 P.72

作り方

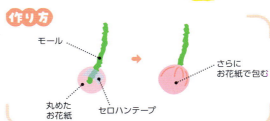

フルーツ

カラーポリ袋のバナナ

材料 ● カラーポリ袋、綿、画用紙

色と形を変えれば
他のフルーツにも

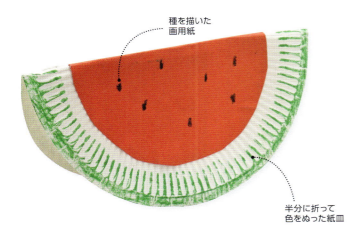

紙皿すいか

材料 ● 紙皿、画用紙

夏にぴったり
だね！

モール
折り紙

輪飾りのぶどう

材料 ● 折り紙、モール

作るときの **ポイント**

折り紙の色を
少しずつ変えると
キレイ！

画用紙

お花紙を丸めて
ラップフィルムで包む

ラップでつやつやぶどう

案・製作／藤江真紀子

材料 ● お花紙、ラップフィルム、画用紙

型紙 P.71

ぷっくり
つやつや！

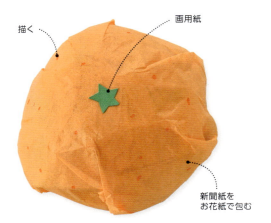

描く
画用紙

新聞紙を
お花紙で包む

お花紙みかん

材料 ● お花紙、新聞紙、画用紙

本物と
まちがえちゃう！

part6 リボン

いろんな素材・形のリボンを集めました。
リボンを1つ加えるだけで、ぐっと華やかな印象に！

ぼんてんリボン

案・製作／町田里美

材料 ● リボン、ぼんてん

- リボンを巻いて貼る
- 輪にしたリボン
- カールさせたリボン
- ぼんてん

ぼんてんと
カールしたリボンが
ポイント！

不織布 3枚重ねリボン

案・製作／いとう・なつこ

材料 ● 不織布、画用紙、モール

型紙 P.72

- 画用紙
- 不織布を3枚重ねて輪にしてしわを寄せ中央を留めて広げる
- 渦巻き状にしたモール
- 不織布

かわいい！

画用紙重ねリボン

案・製作／町田里美

材料 ● 画用紙、キラキラした折り紙、丸シール

型紙 P.73

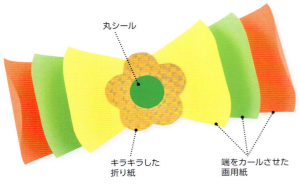

- 丸シール
- キラキラした折り紙
- 端をカールさせた画用紙

作るときのポイント

カールで立体感をプラス

画用紙立体BIGリボン

案・製作／尾田芳子

材料 ● 画用紙

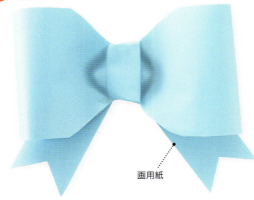

- 画用紙

作り方

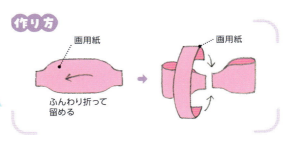

画用紙 → ふんわり折って留める → 画用紙

エアーパッキングリボン

案・製作／くるみれな

材料 ● エアーパッキング、カラーポリ袋、画用紙

作り方

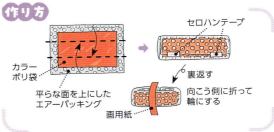

- カラーポリ袋
- 平らな面を上にしたエアーパッキング
- セロハンテープ
- 裏返す
- 向こう側に折って輪にする
- 画用紙

リボン

カラーポリ袋リボン

案・製作／つかさみほ

材料 ● カラーポリ袋、カラー工作用紙、丸シール

作り方

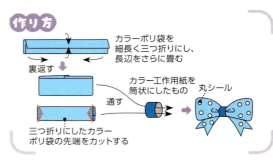

カラーポリ袋を細長く三つ折りにし、長辺をさらに畳む

裏返す

カラー工作用紙を筒状にしたもの

丸シール

通す

三つ折りにしたカラーポリ袋の先端をカットする

クラフトパンチリボン

案・製作／つかさみほ

材料 ● 画用紙

型紙 P.72

作り方

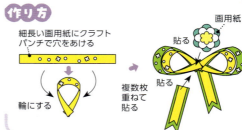

細長い画用紙にクラフトパンチで穴をあける

輪にする

複数枚重ねて貼る

画用紙

貼る

貼る

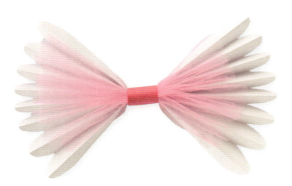

じゃばら折りリボン

案・製作／つかさみほ

材料 ● 画用紙、チュール

作り方

ふちを山型に切る

画用紙をじゃばら折りし、中央をホチキス留めする

ふちを山型に切ったチュール

じゃばら折りして重ねる

中心に画用紙を巻く

リボン / チュール / 葉脈を描いた画用紙 / 画用紙

飾りかた アイデア
すきなパーツでアレンジしちゃお！

P.37に掲載中 画用紙立体 BIGリボンの **椅子飾り**

案・製作／尾田芳子

プラス 材料 ● キラキラしたテープ

P.36に掲載中 不織布3枚重ねリボンの **階段飾り**

案・製作／いとう・なつこ

型紙 P.72

プラス 材料 ● リボン、チュール

キラキラしたテープ

リボン / ぼんてん

P.36に掲載中 ぼんてんリボンの **棚飾り**

案・製作／町田里美

プラス 材料 ● リボン、ぼんてん

リボン

39

part7 ちょうちょう

いろんな素材・技法で作るちょうちょうが大集合！
飾るときは、お花との組み合わせもおすすめです。

お花紙のちょう

案・製作／山口みつ子

材料 ● お花紙、モール

作り方

違う大きさのお花紙を数枚束ねじゃばらに折り、両端を丸く切る → 中央をモールで留めて、ふんわりと広げる

先をカールさせたモール

輪飾りのちょう

案・製作／くるみれな

材料 ● 画用紙、モール

型紙 P.72

画用紙
2つ折りにしてねじったモール
輪にした画用紙

まるい羽がユニーク！

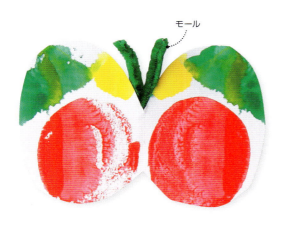

デカルコマニーちょう

案・製作／町田里美

材料 ● 画用紙、モール

型紙 P.73

作り方

 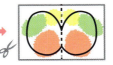

薄く線を引いておいた画用紙に絵の具をたらす → 半分に折って軽く押さえ開いて乾かしてから切る

ちょうちょう

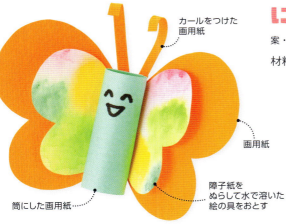

にじみ絵のちょう

案・製作／とりう みゆき

材料 ● 障子紙、画用紙

型紙 P.73

「カラフルでかわいい！」

クリアファイルのちょう

案・製作／つかさみほ

材料 ● クリアファイル、モール、丸シール、ひも

型紙 P.73

作り方

飾りかたアイデアもCHECK!

41

ふんわり折り染めちょう

案・製作／宮地明子

材料 ● 障子紙、画用紙、モール

型紙 P.73

作り方

- 自由に折った障子紙
- 角を水で溶いた絵の具に浸す
- 大きさの違う障子紙でもう1枚作る
- 広げて乾かす

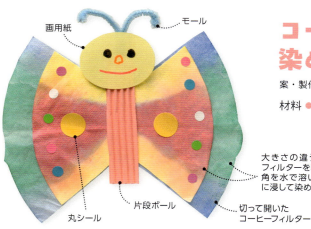

コーヒーフィルター染めちょう

案・製作／宮地明子

材料 ● コーヒーフィルター、画用紙、丸シール、片段ボール、モール

型紙 P.73

いろいろスタンプのちょう

案・製作／宮地明子

材料 ● 画用紙、丸シール、段ボール板、片段ボール、エアーパッキング、クッションシート、輪ゴム、乳酸菌飲料の空き容器、ペットボトルのふた

型紙 P.74

作ってみたいな

飾りかた アイデア
すきなパーツでアレンジしちゃお！

クリアファイルのちょうと なのはなのつり飾り
P.41に掲載中

案・製作／つかさみほ

プラス 材料 ● 画用紙、カラー工作用紙、クレープ紙、ストロー、綿ロープ

ちょうちょう

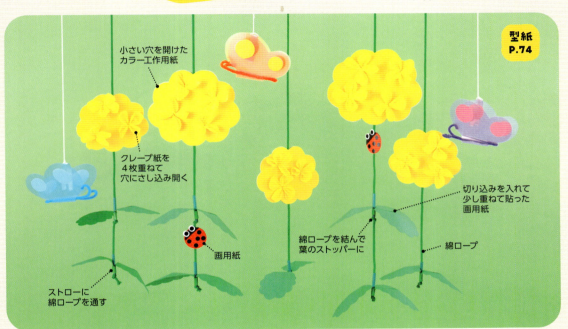

型紙 P.74

- 小さい穴を開けた カラー工作用紙
- クレープ紙を4枚重ねて穴にさし込み開く
- 画用紙
- ストローに綿ロープを通す
- 綿ロープを結んで葉のストッパーに
- 切り込みを入れて少し重ねて貼った画用紙
- 綿ロープ

お花紙の ちょうたちが集う ライン飾り
P.40に掲載中

案・製作／山口みつ子

プラス 材料 ● チュール、リボン、ひも

- 両端を丸く切ったお花紙をねじって作った花
- チュール
- リボン
- ひも
- 2色のお花紙で作った花

43

part8 鳥

置いたり・貼ったり・つるしたり。
いろいろな方法で飾れる小鳥がいっぱいです。

画用紙の小鳥

案・製作／いとう・なつこ

材料 ● 画用紙、丸シール

型紙 P.75

作り方

たくさん作るときは画用紙を重ねて切り取る

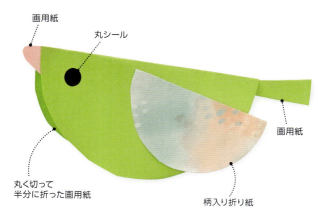

柄の羽の小鳥

材料 ● 柄入り折り紙、画用紙、丸シール

置き飾りにもできる！

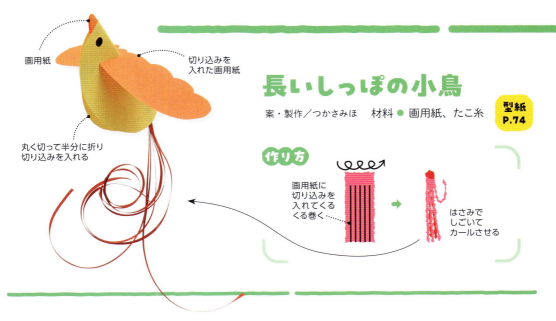

長いしっぽの小鳥

案・製作／つかさみほ　材料 ● 画用紙、たこ糸

型紙 P.74

- 画用紙
- 切り込みを入れた画用紙
- 丸く切って半分に折り切り込みを入れる

作り方

画用紙に切り込みを入れてくるくる巻く → はさみでしごいてカールさせる

鳥

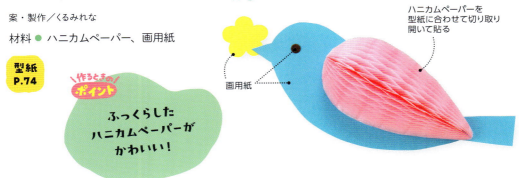

ハニカムペーパーの鳥

案・製作／くるみれな

材料 ● ハニカムペーパー、画用紙

型紙 P.74

作るときのポイント
ふっくらしたハニカムペーパーがかわいい！

- ハニカムペーパーを型紙に合わせて切り取り開いて貼る
- 画用紙

じゃばら折りの羽の鳥

案・製作／やのちひろ

材料 ● 画用紙

型紙 P.76

飾りかたアイデアを CHECK!

- 画用紙をじゃばらに折って両端を丸く切り半分に折る
- 画用紙
- 画用紙

華やかになるね

45

画用紙の立体小鳥

案・製作／くるみれな

材料 ● 画用紙、ひも

型紙 P.75

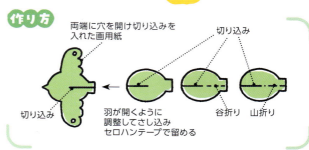

紙皿ふくろう

案・製作／つかさみほ

材料 ● 紙皿、はぎれ、フェルト、画用紙、丸シール

型紙 P.75

作るときの **ポイント**

はぎれやフェルトで温かみをプラス

クリップ留めペンギン

案・製作／尾田芳子

材料 ● 画用紙、ゼムクリップ

型紙 P.75

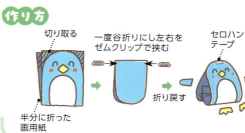

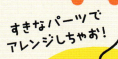

飾りかた アイデア

すきなパーツで アレンジしちゃお！

鳥

型紙 P.75

カラー工作用紙　　丸シール

8の字にしたモール（2つ合わせて真ん中を細いモールで留める）

P.44に掲載中

画用紙の小鳥の ライン飾り

案・製作／いとう・なつこ

プラス 材料 ● カラー工作用紙、モール、丸シール

P.18 じゃばら折りの花

画用紙

紙テープ

だ円に切ってじゃばら折りする

モール

画用紙をじゃばら折りして真ん中をホチキスで留め広げる

画用紙

型紙 P.76

P.18に掲載中

P.28に掲載中

P.45に掲載中

じゃばら折りの羽の鳥の 窓飾り

案・製作／やのちひろ　**プラス** 材料 ● 紙テープ、モール

part 9 水の生き物

子どもたちにもおなじみの水の生き物が大集合!
夏の保育室にぴったりです。

折り紙の魚

案・製作/つかさみほ

材料 ● 折り紙、丸シール

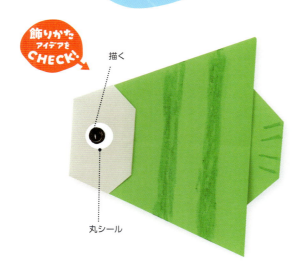

- 描く
- 丸シール

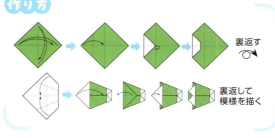

作り方 → 裏返す → 裏返して模様を描く

きらきら金魚

型紙 P.76

案・製作/つかさみほ

材料 ● 画用紙、スズランテープ、エアーパッキング、キラキラした折り紙、丸シール

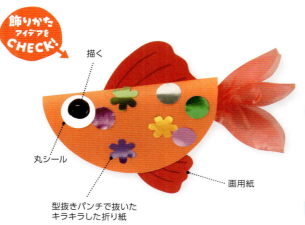

- 描く
- 丸シール
- 型抜きパンチで抜いたキラキラした折り紙
- 画用紙

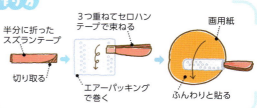

作り方
半分に折ったスズランテープ → 切り取る → 3つ重ねてセロハンテープで束ねる → エアーパッキングで巻く → 画用紙にふんわりと貼る

水の生き物

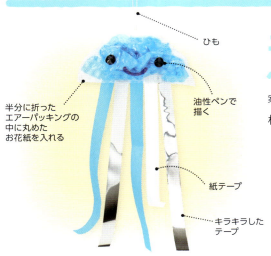

- ひも
- 半分に折ったエアーパッキングの中に丸めたお花紙を入れる
- 油性ペンで描く
- 紙テープ
- キラキラしたテープ

エアーパッキングの ぷっくりくらげ

案・製作／すぎやままさこ

材料 ● エアーパッキング、お花紙、紙テープ、キラキラしたテープ、ひも

作るときのポイント

天井からたくさん下げると涼しげに

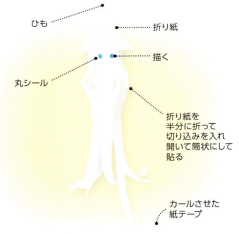

- ひも
- 折り紙
- 描く
- 丸シール
- 折り紙を半分に折って切り込みを入れ開いて筒状にして貼る
- カールさせた紙テープ

折り紙と紙テープのいか

案・製作／宮地明子

材料 ● 折り紙、紙テープ、丸シール、ひも

作るときのポイント

大きな紙で作っても楽しい！

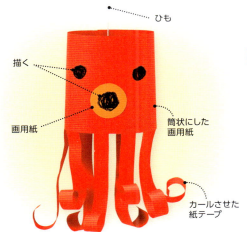

- ひも
- 描く
- 画用紙
- 筒状にした画用紙
- カールさせた紙テープ

くるくる紙テープ足のたこ

案・製作／町田里美

材料 ● 画用紙、紙テープ、ひも

海の中みたい〜

透明折り紙のじゃばら貝

案・製作／山口みつ子

材料 ● 透明折り紙

- 透明折り紙
- じゃばらに折って片端を丸く切り取る

光が当たるように飾ると透け感がより味わえます

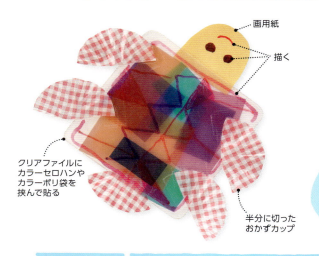

クリアファイルの透け感たっぷりかめ

案・製作／宮地明子

材料 ● クリアファイル、カラーセロハン、カラーポリ袋、おかずカップ、画用紙

型紙 P.76

子どもと作っても楽しい！

- 画用紙
- 描く
- クリアファイルにカラーセロハンやカラーポリ袋を挟んで貼る
- 半分に切ったおかずカップ

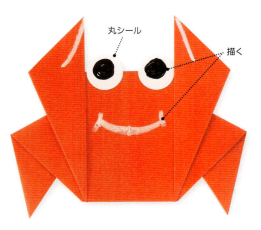

折り紙のかに

案・製作／つかさみほ

材料 ● 折り紙、丸シール

- 丸シール
- 描く

作り方

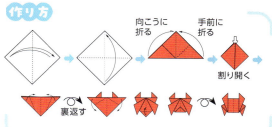

向こうに折る / 手前に折る / 割り開く / 裏返す

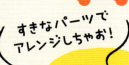

飾りかた アイデア

すきなパーツでアレンジしちゃお!

水の生き物

P.50に掲載中

透明折り紙のじゃばら貝とビーズのつり飾り

案・製作／山口みつ子

プラス 材料 ● ビーズ、テグス、枝、ひも

画用紙

P.48に掲載中

きらきら金魚の水草ダンス

案・製作／つかさみほ

プラス 材料 ● 画用紙

型紙 P.76

P.48に掲載中

折り紙の魚のマリン風ガーランド

案・製作／つかさみほ

プラス 材料 ● キラキラした折り紙、ひも

丸く切って半分に折り
ひもを挟むように貼り合わせた
キラキラした折り紙

part10 星

[お誕生会・七夕・クリスマス……。
いろいろ使えて便利な星がいっぱいです。]

切り紙の星

案・製作／くるみれな

材料 ● 折り紙

型紙 P.77

作り方
-・-・- 山折り
------ 谷折り

向こうに折る　切り取る　開く

カラーセロハンの星

材料 ● カラーセロハン、厚紙、キラキラした折り紙

型紙 P.77

窓飾りにすれば
光が透けて
キレイ！

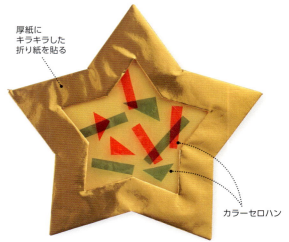

厚紙に
キラキラした
折り紙を貼る

カラーセロハン

52

しわしわ アルミホイルの星

材料 ● アルミホイル、厚紙

厚紙にしわをつけたアルミホイルをかぶせる

作るときのポイント
あえてしわしわにするのがポイント！

星

画用紙の台紙にキラキラした折り紙を貼る

折り筋をつけて立体にする

飾りかたアイデアをCHECK!

立体的な星

案・製作／山口みつ子

材料 ● キラキラした折り紙、画用紙

型紙 P.77

いろいろな飾りに使いやすい！

じゃばら折りした紙テープ

じゃばらの山を5つ作り、紙テープの両端を貼り合わせる

紙テープのじゃばら星

材料 ● 紙テープ

作るときのポイント
たくさん作ってつなげてもGood！

53

キラキラモールの星

材料 ● キラキラしたモール

キラキラしたモールを曲げて星型に形づくる

すぐできちゃう！

エアーパッキングのスケルトン星

案・製作／町田里美

材料 ● エアーパッキング、スパンコール、ビーズ

型紙 P.77

透け感がオシャレ！

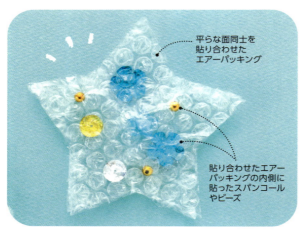

平らな面同士を貼り合わせたエアーパッキング

貼り合わせたエアーパッキングの内側に貼ったスパンコールやビーズ

毛糸ぐるぐるの星

案・製作／くるみれな

材料 ● 毛糸、新聞紙

飾りかたアイデアをCHECK!

作り方

新聞紙を端から集めていきながら、角を作って星の形に成形する

セロハンテープで留める

毛糸を巻く

すきなパーツで
アレンジしちゃお！

飾りかた アイデア

P.52に掲載中

切り紙の星で
ガーランド

案・製作／くるみれな

プラス 材料 ● キラキラしたテープ、ひも

ひも

キラキラした
テープ

P.54に掲載中

毛糸ぐるぐるの星で
ハッピーバースデー

案・製作／くるみれな

プラス 材料 ● 画用紙、柄入り折り紙

型紙 P.77

画用紙　　柄入り折り紙

チュール

スパンコール付き
チュール

キラキラした
テープ

P.53に掲載中

キラキラ流れ星の
ライン飾り

案・製作／山口みつ子

プラス 材料 ● キラキラしたテープ、チュール、スパンコール付きチュール

星

part 11 雪の結晶

冬の飾りと言えば、雪の結晶で決まり！
クリスマスツリーや雪だるまとの組み合わせもおすすめ。

飾りかた
アイデアを
CHECK!

切り紙で雪の結晶

案・製作／うえはらかずよ

材料 ● 折り紙、キラキラした折り紙

基本形を切って開く

作り方

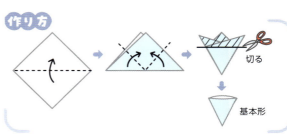

切る

基本形

基本形を切って開く

基本形を切って開く

基本形を切って開く

紙コップきらきら雪の結晶

案・製作／たちのけいこ

材料 ● 紙コップ、透明折り紙、キラキラした折り紙、折り紙

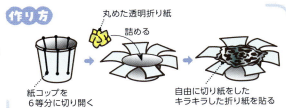

作り方
- 紙コップを6等分に切り開く
- 丸めた透明折り紙を詰める
- 自由に切り紙をしたキラキラした折り紙を貼る

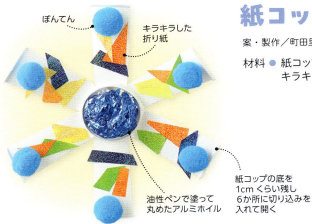

紙コップぽんぽん雪の結晶

案・製作／町田里美

材料 ● 紙コップ、ぽんてん、アルミホイル、キラキラした折り紙

紙コップが雪の結晶に！

染め切り紙の雪の結晶

案・製作／いとう・なつこ

材料 ● 障子紙、ぽんてん

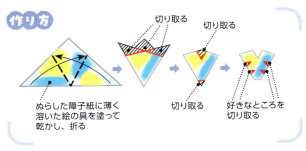

作り方
- ぬらした障子紙に薄く溶いた絵の具を塗って乾かし、折る
- 切り取る
- 好きなところを切り取る

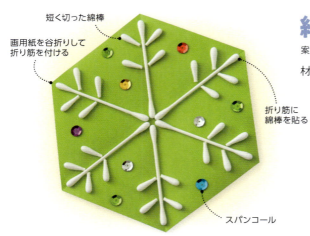

綿棒スノーの結晶

案・製作／つかさみほ

材料 ● 綿棒、画用紙、スパンコール

- 短く切った綿棒
- 画用紙を谷折りして折り筋を付ける
- 折り筋に綿棒を貼る
- スパンコール

綿棒が雪の結晶に変身！？

- 丸シール
- スパンコール
- ぼんてん
- 毛糸

キラキラ折り紙でキラッと輝く結晶

案・製作／とりう みゆき

材料 ● キラキラした折り紙、毛糸、ぼんてん、スパンコール、丸シール

作り方

8分の1に細く切ったキラキラした折り紙を図のような輪にする → 6枚作り2枚ずつ合わせて貼る → 中心で合わせる

飾りかたアイデアをCHECK!

- キラキラしたモール

モール雪の結晶

材料 ● キラキラしたモール

作るときのポイント

モールの端は内側にしっかりと折り曲げます

飾りかた アイデア

すきなパーツでアレンジしちゃお！

雪の結晶

切り紙で雪の結晶の壁面

案・製作／うえはらかずよ

プラス 材料● 画用紙、綿ロープ、ナイロン地のリボン

型紙 P.78

P.56に掲載中

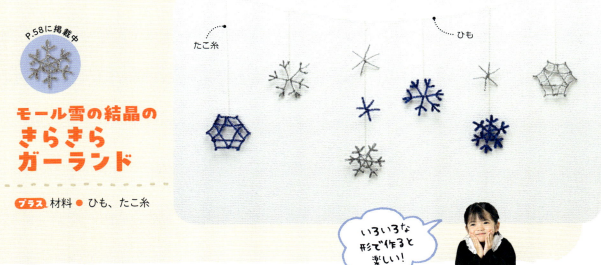

モール雪の結晶の きらきら ガーランド

P.58に掲載中

プラス 材料● ひも、たこ糸

いろいろな形で作ると楽しい！

part 12 ライン飾り & 虹

[同じ形をつなげると豪華さアップ。空間を華やかに彩れます。虹はアクセントにも！]

基本の輪飾り

材料 ● 折り紙

折り紙

作るときのポイント
色の組み合わせで雰囲気が変わる！

大小輪飾り

材料 ● 折り紙

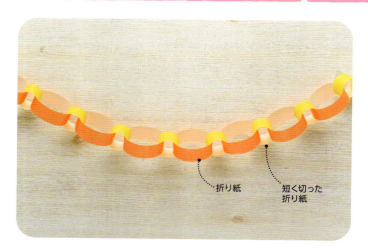
折り紙 ／ 短く切った折り紙

何色で作ろうかな？

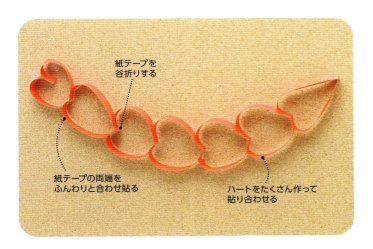

ハートの輪飾り

材料 ● 紙テープ、画用紙

作るときのポイント

紙テープだとゆるふわ、画用紙だとしっかりした形に！

ライン飾り&虹

- 紙テープを谷折りする
- 紙テープの両端をふんわりと合わせ貼る
- ハートをたくさん作って貼り合わせる

輪っかのお花

案・製作／くるみれな

材料 ● 折り紙

作り方

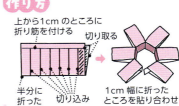

- 上から1cmのところに折り筋を付ける
- 切り取る
- 半分に折った折り紙
- 切り込み
- 1cm幅に折ったところを貼り合わせ輪になるように貼る

ピンキングばさみ輪っか

案・製作／町田里美

材料 ● 折り紙、キラキラした折り紙

型紙 P.77

作るときのポイント

輪のつなぎ方をひと工夫♪

- キラキラした折り紙
- ピンキングばさみで切って輪にした折り紙

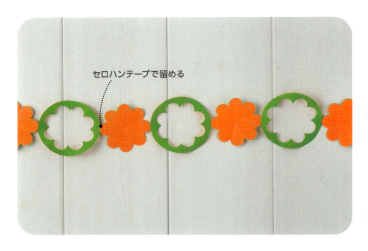

両面折り紙で切り紙お花

案・製作／町田里美 　材料 ● 両面折り紙

作り方

帯状コピー用紙のお花の帯

案・製作／町田里美

型紙 P.76

材料 ● B4サイズのカラーコピー用紙

作り方

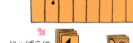

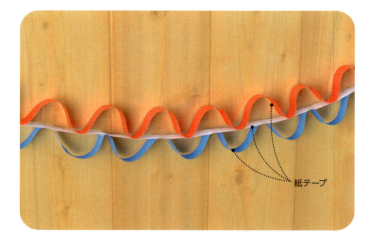

紙テープウェーブ

案・製作／町田里美

材料 ● 紙テープ

おもしろーい！

ライン飾り&虹

変わり輪飾り

案・製作／おおしたいちこ

材料 ● 柄入り折り紙、ひも

作り方

—・—・— 山折り
------ 谷折り

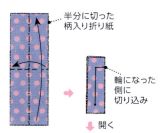

半分に切った柄入り折り紙
輪になった側に切り込み
開く

★と★を手前に貼り合わせる

▲と▲を向こう側に貼り合わせる

レース風の切り紙輪飾り

案・製作／たちのけいこ

材料 ● 折り紙、両面折り紙、キラキラした折り紙

作り方

縦2分の1〜3分の1に切った折り紙や両面折り紙を2つ折りにする

自由に切り取り輪にする

星の作り方

キラキラした折り紙

切り取る

にょろにょろつなぎ飾り

案・製作／つかさみほ

材料 ● キラキラした折り紙、両面折り紙、ひも

切り取った折り紙を貼る

両面折り紙

作り方

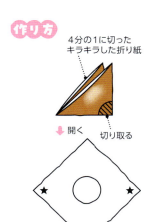

4分の1に切ったキラキラした折り紙

開く　切り取る

★と★を貼り合わせる

モールの虹

案・製作／つかさみほ

材料 ● モール、画用紙、スチレンボード

型紙 P.79

作り方

画用紙アーチの虹

案・製作／つかさみほ

材料 ● 画用紙

型紙 P.79

作り方

スズランテープの虹

案・製作／つかさみほ

材料 ● スズランテープ、紙皿、キルト芯

型紙 P.79

作り方

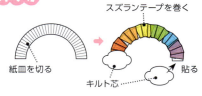

型紙

型紙 P.00 が付いているパーツ・作品の型紙です。必要な大きさにコピーしてご使用ください。

このページが見えるまで開くときれいにコピーすることができます

P.11 画用紙花びら付きお花

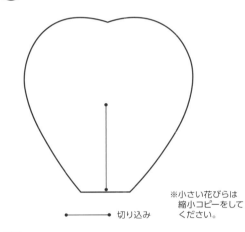

※小さい花びらは縮小コピーをしてください。

● ——— 切り込み

P.12 ホワイトフラワーの入り口飾り

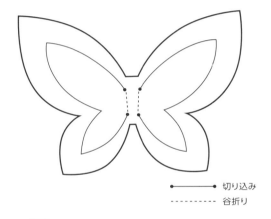

● ——— 切り込み
------- 谷折り

P.14 春を呼ぶお花のリース

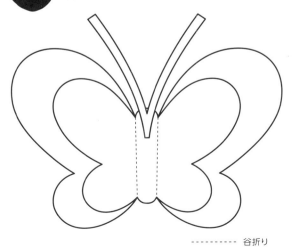

------- 谷折り

P.15 ひまわりの置き飾り

------- 谷折り

P.15 ロッカーライン飾り

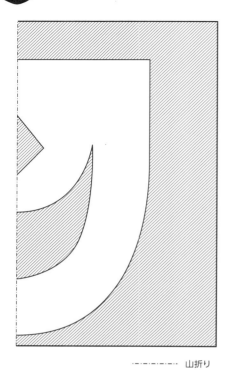

- ―・―・― 山折り
- ▨▨▨ 切り取る

P.18 ボンテン花芯のフェルトフラワー

P.16 レースペーパーに咲くカラフルフラワー

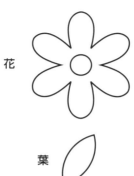

花

葉

P.18 毛糸のポンポンフラワー

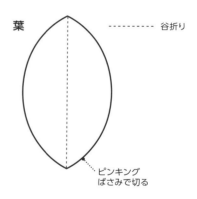

葉 ----- 谷折り

ピンキングばさみで切る

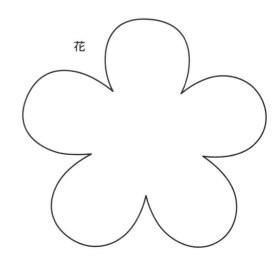

花

この人、セーシかえるまで開くときれいにニヒーすることができます

P.21 染め紙チューリップ

P.21 ちぎり貼りチューリップ

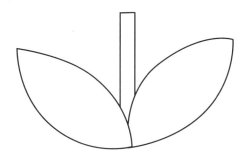

P.22 切り込みたんぽぽ **P.23** フロッタージュのあさがお

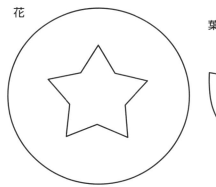
茎　葉

花　葉
------- 谷折り

P.23 紙テープのひまわり

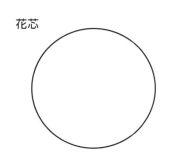
花芯

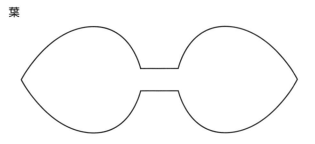
葉

このメッセージが見えるまで開くときれいにコピーすることができます

P.24 画用紙のふんわりつばき

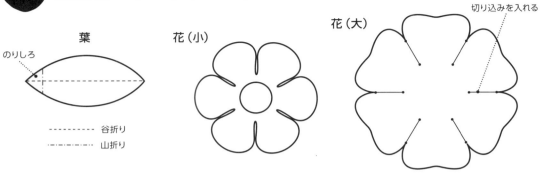

P.25 染め紙あさがおの壁掛け飾り

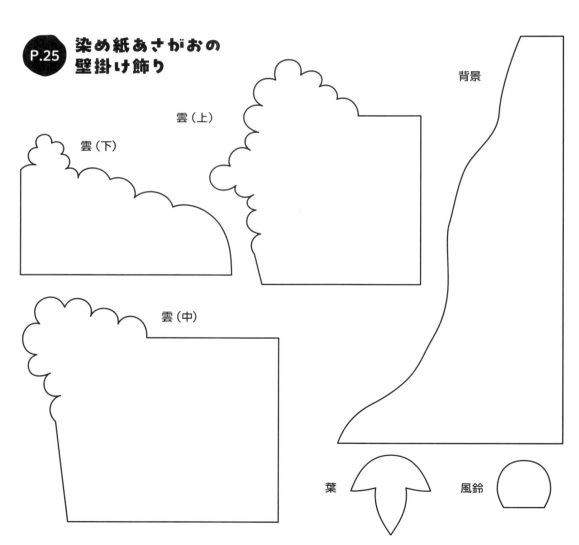

このメッセージが見えるまで開くときれいにコピーすることができます

P.24 カラフルポインセチア

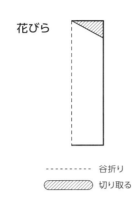

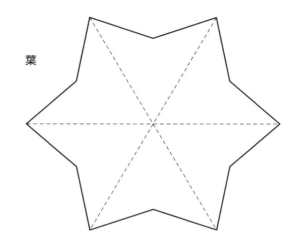

------- 谷折り
▨▨▨ 切り取る

P.26 染め紙のコスモス畑

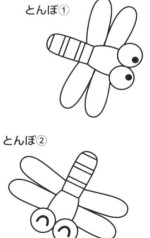

P.27 切り紙たんぽぽのつり飾り

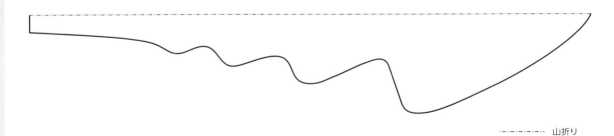

—·—·— 山折り

このメッセージが見えるまで開くときれいにコピーすることができます

P.26 きれいに咲いた染め紙チューリップ

パンダ

うさぎ

ねこ

P.30 おしゃれクローバー

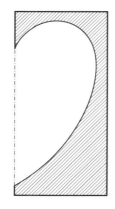

切り取る

P.30 スタンプクローバー

このメッセージしか見えるまで開くときれいにコピーすることができます

P.28 P.29 葉っぱ

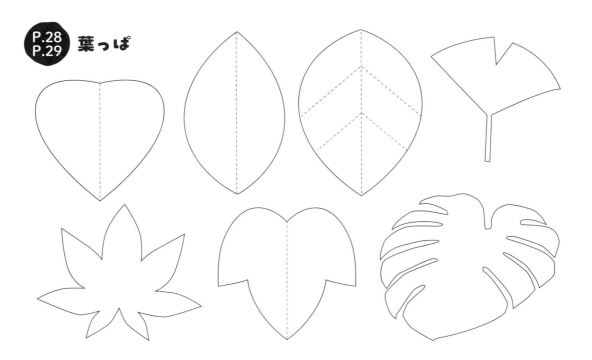

P.31 スタンプクローバーの置き飾り

てんとうむし①

てんとうむし②

小鳥

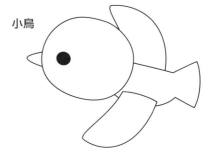

P.32 ちぎり貼りのいちご

- - - - - - 谷折り
●————● 切り込み

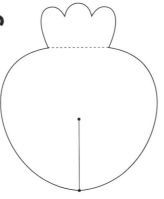

P.34 ラップでつやつやぶどう

このメッセージが見えるまで開くときれいにコピーすることができます

- **P.33** お花紙さくらんぼ
- **P.35** お花紙さくらんぼのライン飾り

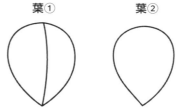

- **P.32** ハニカムペーパーいちご
- **P.35** ハニカムペーパーいちごのつり飾り

- **P.36** 不織布3枚重ねリボン
- **P.39** 不織布3枚重ねリボンの階段飾り

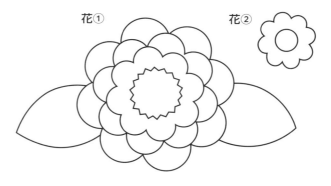

- **P.38** クラフトパンチリボン

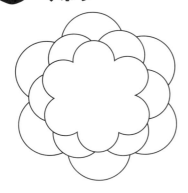

- **P.40** 輪飾りのちょう

このメッセージが見えるまで開くときれいにコピーすることができます

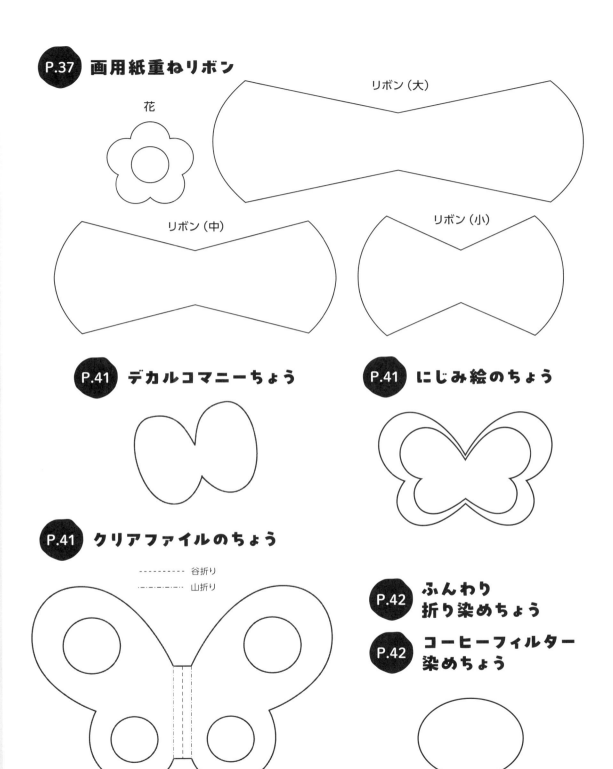

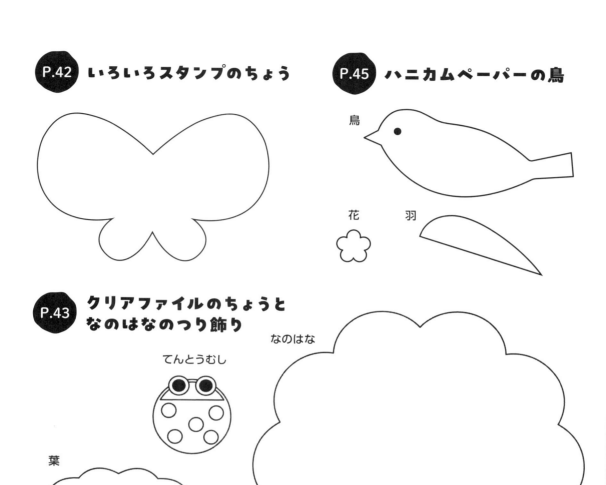
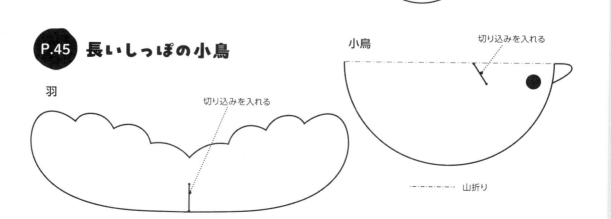

P.44 画用紙の小鳥

P.47 画用紙の小鳥のライン飾り

P.46 画用紙の立体小鳥

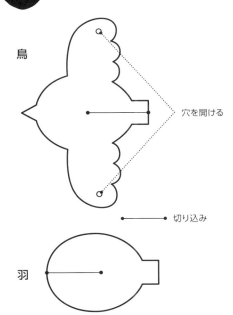

P.46 クリップ留めペンギン

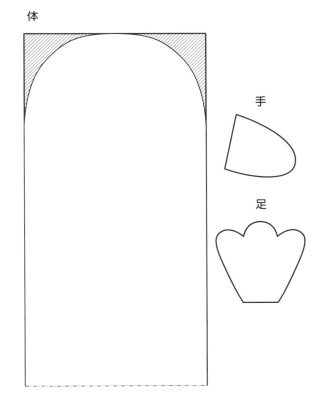

P.46 紙皿ふくろう

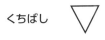

くちばし

こうくり、サイズが見えるまで開くときれいにコピーすることができます

P.45 じゃばら折りの羽の鳥

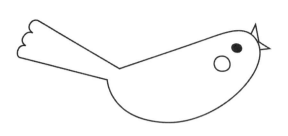

※反対向きの鳥は、反転コピーをしてください。

P.47 じゃばら折りの羽の鳥の窓飾り

葉

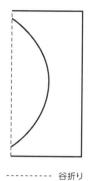

花

はち

-------- 谷折り

※反対向きのはちは、反転コピーをしてください。

P.48 きらきら金魚

胴体

背びれ

腹びれ

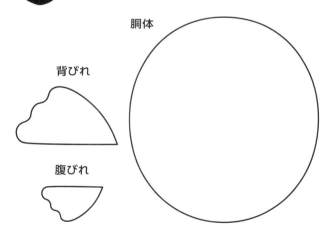

P.51 きらきら金魚の水草ダンス

ピンキングばさみで切る

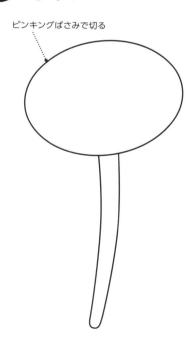

P.50 クリアファイルの透け感たっぷりかめ

P.62 帯状コピー用紙のお花の帯

―――― 山折り
////// 切り取る

このページは、きれいに見えるまで開くときれいにコピーすることができます

P.52 切り紙の星

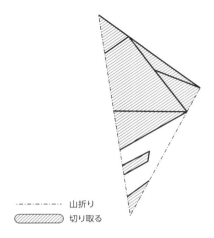

------- 山折り
▨▨▨ 切り取る

P.52 カラーセロハンの星

P.54 エアーパッキングのスケルトン星

※大きい星は拡大コピーをしてください。

P.53 立体的な星

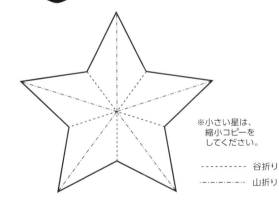

※小さい星は、縮小コピーをしてください。

------- 谷折り
-·-·-·- 山折り

P.61 ピンキングばさみ輪っか

P.55 毛糸ぐるぐるの星でハッピーバースデー

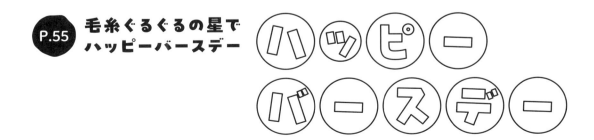

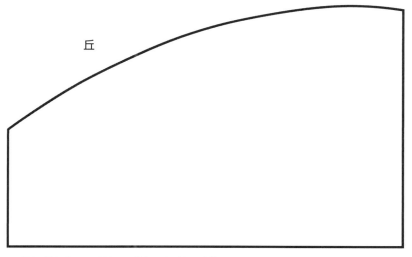
丘

木

※丘は、他のパーツの 200% に拡大コピーをしてください。

P.64 モールの虹

雲
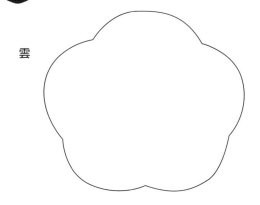

P.64 スズランテープの虹

雲
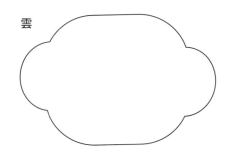

P.64 画用紙アーチの虹

雲

こうふくそうがみえるまできくときれいにコピーすることができます

79

案・製作（50音順）

いとう・なつこ、うえはらかずよ、おおしだいちこ、尾田芳子、河合美穂、くるみれな、さとうゆか、佐藤ゆみこ、すぎやままさこ、たちのけいこ、つかさみほ、とりう みゆき、ピンクパールプランニング、藤江真紀子、町田里美、宮地明子、やのちひろ、山口みつ子、山下きみよ、RanaTura. 上田有規子

STAFF

カバー、本文デザイン	坂野由香、石橋奈巳（株式会社リナリマ）
キッズモデル	有限会社クレヨン
作り方イラスト	おおしだいちこ、河合美穂、つかさみほ、内藤和美、みつき、速水えり、八十田美也子、わたいしおり
撮影	小山志麻、林 均
型紙トレース	プレーンワークス、奏クリエイト
本文校正	有限会社くすのき舎
編集協力	東條美香
編集	田島美穂

いっぱい作ったり、組み合わせたり
保育室飾りの
かわいいパーツ
pot ポットブックス

2025年2月　初版第1刷発行

編者	ポット編集部　©CHILD HONSHA Co.,Ltd. 2025
発行人	大橋 潤
編集人	竹久美紀
発行所	株式会社チャイルド本社
	〒112-8512　東京都文京区小石川5-24-21
電話	03-3813-2141（営業）　03-3813-9445（編集）
振替	00100-4-38410
印刷	共同印刷株式会社

チャイルド本社の
ウェブサイト

チャイルドブックや
保育図書の情報が盛りだくさん。
どうぞご利用ください。

https://www.childbook.co.jp/

ISBN978-4-8054-0336-5　C2037
NDC376　24×19cm　80P　Printed in Japan

■ 乱丁・落丁本はお取り替えいたします。
■ 本書の無断転載、複写複製（コピー）は、著作権法上での例外を除き禁じられています。
■ 本書を代行業者等の第三者に依頼してスキャンやデジタル化することは、たとえ個人や家庭内の利用であっても、著作権法上、認められておりません。

本書の型紙は、園や学校、図書館等にて本書掲載の作品を作る方が、個人または園用に製作してお使いいただくことを目的としています。本書の型紙を含むページをコピーして頒布・販売すること、及びインターネット上で公開することは、著作権者及び出版社の権利の侵害となりますので、固くお断りします。また、本書を使用して製作したものを第三者に販売することはできません。